A CURA DOS CHAKRAS
COM CRISTAIS

Berenice de Lara

A CURA DOS CHAKRAS COM CRISTAIS

Manual prático para conquistar
o equilíbrio emocional e físico

Editora
Pensamento
SÃO PAULO

Copyright © 2017 Berenice de Lara.
Texto de acordo com as novas regras ortográficas da língua portuguesa.
1ª edição 2017.
3ª reimpressão 2022.
Todos os direitos reservados. Nenhuma parte deste livro pode ser reproduzida ou usada de qualquer forma ou por qualquer meio, eletrônico ou mecânico, inclusive fotocópias, gravações ou sistema de armazenamento em banco de dados, sem permissão por escrito, exceto nos casos de trechos curtos citados em resenhas críticas ou artigos de revista.

A Editora Pensamento não se responsabiliza por eventuais mudanças ocorridas nos endereços convencionais ou eletrônicos citados neste livro.

Editor: Adilson Silva Ramachandra
Editora de texto: Denise de Carvalho Rocha
Gerente editorial: Roseli de S. Ferraz
Produção editorial: Indiara Faria Kayo
Editoração eletrônica: Join Bureau

Dados Internacionais de Catalogação na Publicação (CIP)
(Câmara Brasileira do Livro, SP, Brasil)

Lara, Berenice de
  A cura dos chakras com cristais: manual prático para conquistar o equilíbrio emocional e físico / Berenice de Lara. – São Paulo: Pensamento, 2017.

  Bibliografia.
  ISBN: 978-85-315-1985-7

  1. Chakras 2. Cristais 3. Cristais – Uso terapêutico 4. Energia vital – Uso terapêutico I. Título.

17-07777   CDD-133

Índices para catálogo sistemático:
1. Cristais: Energia: Esoterismo 133

Direitos reservados pela
EDITORA PENSAMENTO-CULTRIX LTDA
Rua Dr. Mário Vicente, 368 – 04270-000 – São Paulo – SP
Fone: (11) 2066-9000
http://www.editorapensamento.com.br
E-mail: atendimento@editorapensamento.com.br
Foi feito o depósito legal.

SUMÁRIO

Introdução 9
    Como usar este kit 10
    Os sete cristais de cura 10

Cuidados com seus cristais 13
    Limpeza das pedras 13
    Sintonizando com o deva de um cristal 14

O reino mineral 17
    A evolução da consciência e o reino mineral 17
    Os mineraloides 20

Os minerais e sua relação com nosso corpo	22
O que são chakras e como funcionam	24
Sete chakras, sete cristais	25
Potencializando a cura com os cristais nos chakras	31

CRISTAIS – PODER E CURA

Os sete cristais de cura 36
    Ametista 36
    Aventurina 37
    Cornalina 38
    Jaspe Vermelho 39
    Olho de Tigre 40
    Quartzo Cristal 41
    Sodalita 42
    Outros cristais para o reequilíbrio dos chakras 43

Águas de cristais 51
    O padrão energético de um cristal 51

A IMPORTÂNCIA DE UM ESPAÇO SAGRADO

Dispondo cristais em ambientes da sua residência 58

DINÂMICAS DE CURA COM CRISTAIS

1 – Fazendo o alinhamento dos chakras com os cristais 62
2 – Libertando-se da ferida emocional 67
3 – Programando seus cristais para a cura 69
4 – Afirmativas como suporte para a cura 75
5 – Formas de dispor seus cristais para atrair bem-estar, autoestima e poder pessoal 75

A correlação entre os signos e os cristais 79
Guia em ordem alfabética para o uso dos cristais 83
Bibliografia 87
Índice remissivo 89

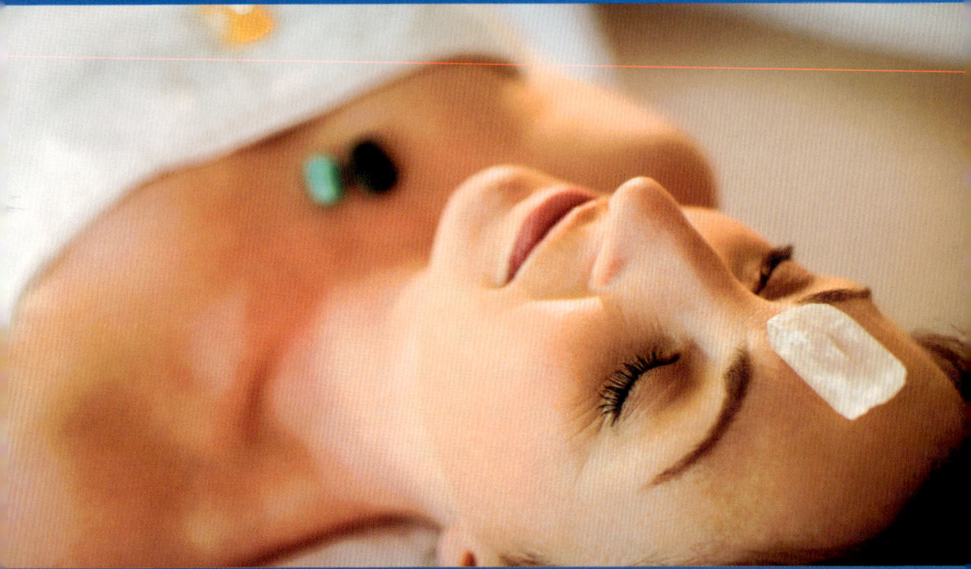

INTRODUÇÃO

A maior parte da minha vida profissional foi dedicada ao estudo dos cristais e suas propriedades de cura. A observação desses preciosos colaboradores da natureza e como eles atuam no reequilíbrio energético de nossos corpos, do físico ao mais sutil, me levaram a este projeto diferenciado. Essa foi uma maneira que encontrei para que mais pessoas possam se beneficiar desse conhecimento, de forma simples e natural, mas nem por isso menos eficaz.

O conjunto de cristais que acompanha este livro foi cuidadosamente selecionado para que você possa pôr em prática imediatamente seu conteúdo, sem ter que procurar pelas pedras, nem sempre fáceis de encontrar.

Ao utilizar os cristais, você poderá sentir com rapidez seus benefícios, porque nossa saúde começa pelo equilíbrio dos principais pontos pelos quais circulam nossa energia vital, os chakras. Tenho certeza de que poder ter esse contato direto com as pedras, tendo conhecimento de como elas atuam e sentindo seus benefícios, será uma experiência enriquecedora para você também!

COMO USAR ESTE KIT

O kit contém sete cristais de cura, que você aprenderá a conhecer, limpar, energizar, programar e utilizar nas mais diversas situações da sua vida. Nesse processo, você se conectará com eles aos poucos, descobrindo sua beleza e suas propriedades regenerativas. Acredite que, da mesma forma, seus cristais se conectarão com você!

OS SETE CRISTAIS DE CURA

Ametista – Pedra de cor lilás/roxa, que eleva suas energias a um nível superior. Relacionada com o sétimo chakra.

Aventurina – Pedra opaca, em tons de verde, que acalma o coração. Relacionada com o quarto chakra.

Cornalina – Pedra de cor laranja forte, que trabalha o poder pessoal, a sexualidade bem vivida, de forma consciente. Relacionada com o segundo chakra.

Jaspe Vermelho – Pedra opaca, vermelho queimado, que dá base, firmeza e está ligada às questões materiais. Relacionada com o primeiro chakra.

Olho de Tigre – Pedra marrom com reflexos dourados, que traz estabilidade emocional para que possa ir em busca de suas conquistas. Relacionada com o terceiro chakra.

Quartzo Cristal – Pedra incolor, transparente, que regula a energia de todos os chakras, amplia as formas-pensamento. Relacionada com o sexto chakra.

Sodalita – Pedra opaca, azul, que trabalha a comunicação livre de interferências, clara. Relacionada com o quinto chakra.

Os cristais possuem formações diferentes que são classificadas por gemólogos em sete sistemas: isométrico (cúbico), tetragonal (quatro lados), hexagonal (seis lados), trigonal (romboedral ou três lados), ortorrômbico (ou em forma de losango), monoclínico (um eixo inclinado) e triclínico (os três eixos de formação inclinados). Os sistemas trigonal e hexagonal têm eixos e ângulos semelhantes, sua única diferença está na simetria. Seis dos sete cristais deste kit pertencem ao sistema hexagonal-trigonal, ao passo que a sodalita pertence ao sistema isométrico.

CUIDADOS COM OS CRISTAIS

LIMPEZA DAS PEDRAS

Os cristais são vivos, pois captam e transmitem energia. Motivo pelo qual precisam ser limpos regularmente para que possam proporcionar o melhor de suas propriedades de cura.

Ao tocá-los pela primeira vez, embrulhe-os em um tecido branco e lave-os debaixo de um jato de água bem forte, que pode ser de uma torneira com pressão, ou mangueira. Se preferir, coloque-os (sempre embrulhados, para que não se espalhem) em um copo ou uma bacia e despeje a água sobre as pedras.

O ideal seria que a limpeza das pedras pudesse ser feita em uma cachoeira. Mas a forma descrita acima, acessível a todos, também traz os resultados esperados.

A força da água devolve o padrão energético primordial da pedra.

Depois de lavar os cristais, desembrulhe-os e coloque-os em uma vasilha transparente, com água, deixando-os ao sol por pelo menos três horas, para energizá-los. Retire-os, secando com um tecido macio e guarde em um saquinho de tecido escuro ou em uma caixa, que você deve reservar para esse fim. Repita esses procedimentos sempre que for usar seus cristais para um tratamento de cura.

SINTONIZANDO COM O DEVA DE UM CRISTAL

Faça isso com cada um dos cristais, separadamente e sem pressa. Com base na sua intuição, escolha o primeiro com o qual quer se sintonizar. Na verdade, ao iniciar esse trabalho, será o cristal que estará se mostrando a você. Depois, dê sequência a essa conexão com cada um deles.

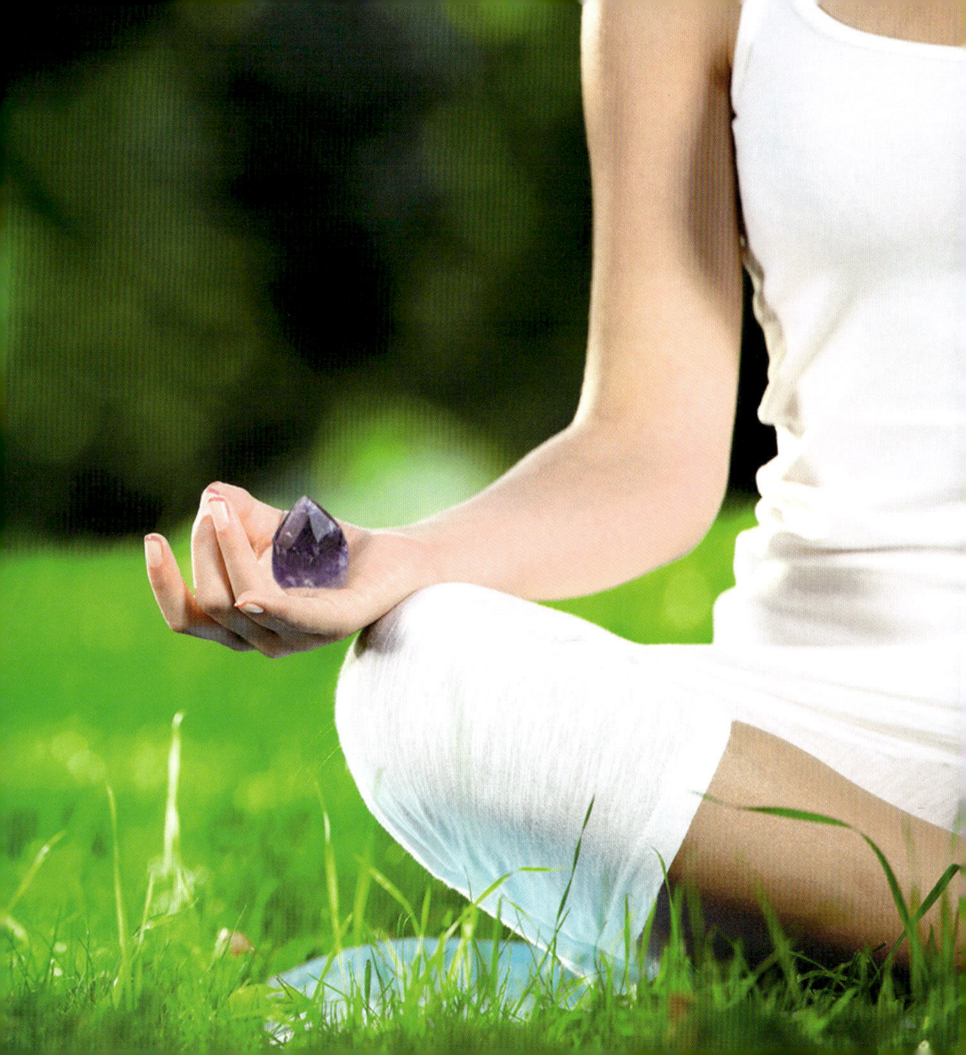

Escolha um local tranquilo. Feche os olhos e respire lenta e profundamente. Segure um dos cristais na mão suavemente e libere sua mente para que ela possa aceitar qualquer imagem que vá surgindo.

Uma vez na mão, coloque o cristal na altura do seu umbigo por alguns minutos. Escute o que ele tem a lhe dizer, sinta sua energia. Em seguida, leve-o à altura do coração e sintonize-se com ele. Por fim, coloque-o na testa, entre as sobrancelhas. Continue conectado com seu cristal. Qualquer percepção é válida. Calor, frio, tranquilidade ou desconforto, imagens e sentimentos.

Abra os olhos e anote em um papel suas impressões sobre o cristal sintonizado. Coloque esse papel no saquinho ou na caixa em que guarda as pedras.

Em seguida, diga em voz alta: "Você e eu somos um!"

O REINO MINERAL

A EVOLUÇÃO DA CONSCIÊNCIA E O REINO MINERAL

A primeira manifestação de vida neste planeta foram os minerais. Há cerca de 4,5 bilhões de anos, a Terra era ainda uma massa de fogo em processo de resfriamento. Uma porção dessa massa se solidificou e se transformou no que mais tarde viriam a ser os minerais. Desse modo, as primeiras rochas magmáticas surgiram muito antes das plantas ou do homem neste planeta.

Conhecido como Era Azoica, esse período marca o início da formação da vida mineral, fundamental para a vida em geral da Terra. Muito tempo se passou na evolução do planeta, até que, há cerca de 2 milhões de anos atrás, na Era Arqueozoica, formaram-se os primeiros oceanos, os escudos fundamentais cristalinos, as rochas magmáticas – ou ígneas – e metamórficas, agora já na forma como as conhecemos. A formação do escudo cristalino brasileiro, e o surgimento das serras do Mar e da Mantiqueira são dessa era.

Escudos cristalinos são áreas com alta incidência de minerais metálicos e não metálicos, rochas magmáticas e metamórficas, que sofreram longos períodos de erosão – quartzo, ouro, cobre, são exemplos de minerais encontrados nessa formação mais antiga.

Entre 220 a 135 mil anos surgiram as rochas sedimentares e vulcânicas no planeta.

Os ancestrais das plantas marcam seu aparecimento há cerca de 470 milhões de anos atrás, quando começaram a surgir os musgos nas rochas, alimentando-se exatamente de seus componentes minerais, ao extrair delas cálcio, fósforo, magnésio, etc.. Isso veio a causar um grande impacto no clima do planeta, favorecendo o surgimento da vida tal como a conhecemos. Mas as plantas fanerógamas, ou seja, que produzem flores, só se desenvolveram há cerca de 70 mil anos atrás, no período Terciário.

É muito importante fazer esse retrospecto, para que possamos compreender por que as rochas permitiram a existência da vida vegetal, oferecendo generosamente os minerais de sua formação para o desenvolvimento das plantas em seu nível mais primário.

Embora seja de senso comum afirmar que as rochas ou minerais não têm vida, essa não é uma afirmativa correta. No seu plano evolutivo, os minerais têm uma forma de consciência cuja manifestação é diferente.

OS MINERALOIDES

Mineraloides são substâncias originadas da decomposição de animais ou vegetais, como o âmbar, o marfim, a pérola, o carvão, o petróleo. O âmbar é uma formação de resina de árvore fossilizada, que pode até mesmo conter pedaços de folhas ou insetos que ficaram presos quando a resina ainda estava fresca, sendo esses pedaços muito valiosos. Os gregos denominavam o âmbar como *elektron*, porque quando esfregado no cabelo ele gera eletricidade estática. Daí se derivou o termo eletricidade.

O marfim é de origem orgânica, podendo ser obtido a partir das presas do elefante africano, hipopótamos, morsas, cachalotes ou mamutes. Pode-se avaliar os registros no campo de consciência desses materiais, visto que as presas têm a função de defesa e ataque... A pérola, por sua vez, surge a partir da irritação provocada por um grão de areia nas ostras

Âmbar

Marfim

Pérola

Carvão

Petróleo

O Reino Mineral

em sua concha. As dificuldades na vida da ostra é que a levam a superar o obstáculo criando algo belo e valioso!

OS MINERAIS E SUA RELAÇÃO COM NOSSO CORPO

Nosso corpo é composto de uma cadeia de minerais e o excesso ou falta de um deles pode desencadear sérios problemas de saúde. Por exemplo: a ausência ou diminuição do ferro no organismo pode levar a um processo de anemia, do mesmo modo que o acúmulo de chumbo pode levar à morte. A artrose, por sua vez, é uma doença que está relacionada com a baixa assimilação de enxofre pelo organismo, entre outras causas emocionais e físicas.

Assim vemos que, da mesma forma que o reino vegetal, lá nos primórdios da formação da Terra, só pode existir em função dos minerais, o ser humano depende também direta e indiretamente deles. Diretamente, porque nosso corpo é constituído de minerais e, indiretamente, porque nossa dieta, para manter o equilíbrio e ser saudável, conta com os vegetais, que se nutrem dos minerais da terra. Homens, plantas e minerais estão profundamente interconectados.

O QUE SÃO CHAKRAS E COMO FUNCIONAM

Chakras são centros energéticos que possuímos na contraparte etérica do nosso organismo, sendo que os sete principais estão dispostos em nosso corpo ao longo da coluna.

É uma palavra de origem sânscrita e significa *roda*. Cada chakra possui um número específico de vórtices girando, semelhantes a rodas, no duplo etérico do corpo humano.

Quando a energia flui livremente pelo corpo, mantemos um saudável equilíbrio. No entanto, se um deles (ou mais de um) tiver esse fluxo dificultado ou bloqueado, nossa saúde pode ficar comprometida, se não corrigirmos isto.

Daí a importância de estarmos constantemente atentos ao bom funcionamento e alinhamento dos mesmos.

Cada chakra gira em um movimento espiral, com uma determinada frequência, do Básico, com 4 "pétalas" o movimentando, até o Coronário, com 972 "pétalas".

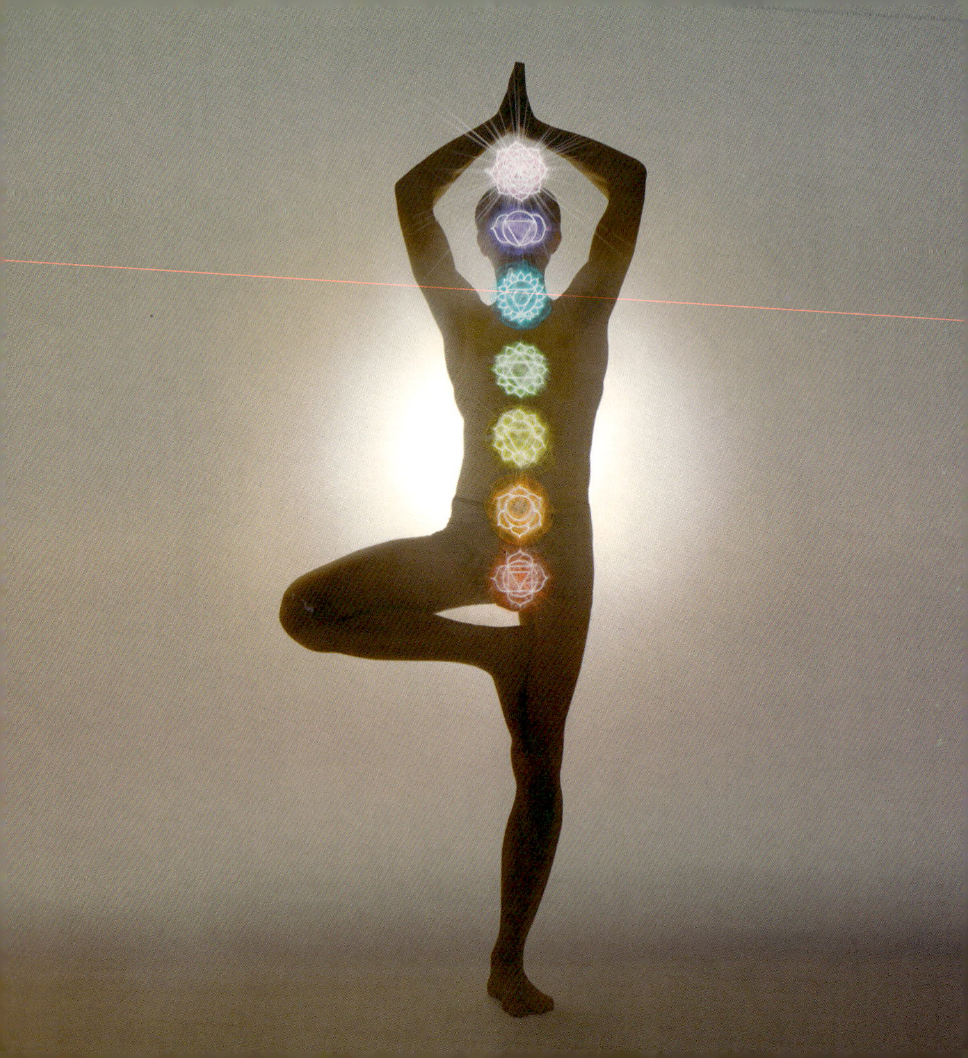

SETE CHAKRAS, SETE CRISTAIS

Coroa – Ametista

Localizado no alto da cabeça, ao centro, este chakra está relacionado com a conexão com a espiritualidade. Está também ligado ao planeta Urano, que representa o corpo, a mente e o espírito conectados pela mesma energia superior. Movimenta 972 raios ou pétalas em seu vórtice, com todas as cores, predominando o violeta.

A falta de energia neste chakra provoca atraso na evolução espiritual, enquanto que o excesso provoca um desligamento das coisas do nosso plano terrestre.

Ele está relacionado com a **glândula pineal**, localizada na parte central do cérebro humano, que tem a função de secretar a melatonina, hormônio responsável pela regulação dos ritmos do corpo (ciclos circadiano e ultradiano), nosso relógio biológico e o sono.

Frontal ou do Terceiro Olho – Quartzo Cristal

Localizado no meio da testa, entre as sobrancelhas, este chakra está relacionado à intuição e à paranormalidade. Regido pelo Sol e pela Lua, traz luz à escuridão, no caminho da busca evolutiva. Possui 96 raios ou pétalas, subdivididos em duas metades, por assim dizer, uma com a predominância da cor rosada com reflexos amarelos e a outra, de um azul forte.

A falta de energia neste chakra provoca baixa concentração, cinismo, dissociação da personalidade, enquanto que o excesso provoca uma imaginação acelerada, sem bases para realização.

Está relacionado com a **glândula pituitária ou hipófise**, que é responsável pelo controle de todas as glândulas endócrinas. Regula o hormônio do crescimento.

Laríngeo – Sodalita

Localizado na garganta, bem ao centro, é o chakra da comunicação. Regido por Mercúrio, quando equilibrado permite uma comunicação clara, confiante, precisa.

Ele tem 16 raios, ativando 16 tipos de energia. Seu tom predominante é o prateado brilhante, embora possua reflexos azuis e verdes.

A falta de energia neste chakra provoca baixa autoestima, dificuldade em falar com clareza e firmeza o que pensa. O excesso pode levar a uma postura de egocentrismo, a pessoa se vendo como centro do mundo.

Está relacionado com a **glândula tireoide**, tão importante para o nosso metabolismo e que atua na reparação das células.

Cardíaco – Aventurina

Localizado no centro do tórax, onde fica a glândula timo, é também o divisor entre os três chakras inferiores e os três superiores, a ponte que os une. Está relacionado com o amor e a compaixão. Vênus é o planeta que rege este centro energético. Este chakra possui 12 raios na cor dourada. Mas é possível trabalhar sua energia com as cores rosa e verde.

A falta de energia leva à insensibilidade com as necessidades dos outros, à ansiedade e ao orgulho. O excesso, por sua vez, faz com que a pessoa fique muito sensível, magoada ou ainda que tome posturas exibicionistas.

Está relacionado com a **glândula timo**, responsável pelo bom andamento do nosso sistema imunológico. Doenças autoimunes estão relacionadas com esta glândula.

Plexo Solar ou Umbilical – Olho de Tigre

Localizado mais ou menos três dedos acima do umbigo, está relacionado com o autoconhecimento, as realizações pessoais e a vontade própria. Marte e Plutão o regem. Sendo que o primeiro rege nossas vontades pessoais e o segundo a vontade coletiva. Possui dez pétalas e sua cor é um misto de vermelho e verde.

O baixo fluxo de energia neste chakra leva a bloqueios, ao medo, à raiva, à agressividade e ao egoísmo. O excesso, por outro lado, além de levar também à agressividade, provoca estresse.

Está relacionado com o **pâncreas** e a produção de insulina. Pessoas que tem tendência ou sofrem de diabetes devem prestar particular atenção se houver algum desequilíbrio neste chakra.

Sacro ou Esplênico – Cornalina

Localizado no baço, cerca de três dedos abaixo do umbigo, está ligado às questões de relacionamento com as pessoas e ainda à energia sexual. Regido por Júpiter, possui seis pétalas e suas cores estão distribuídas em cada uma delas: vermelha, alaranjada, amarela, verde, azul e violeta, faltando apenas o índigo ou azul anil, para completar as cores do espectro solar. O livre fluxo de sua energia é importante para a criatividade e auxilia na hora de pôr as ideias em prática.

A falta de energia provoca impotência, frigidez, inchaços, enquanto que o excesso leva a ciúmes e uma sexualidade exacerbada, sem limites definidos.

Está relacionado com as **glândulas e hormônios sexuais**, a **função reprodutiva** e a **próstata**.

Básico ou Raiz – Jaspe Vermelho

Localizado na base da coluna (cóccix), está relacionado às questões de ordem material, de sobrevivência, instintos básicos, desejos materiais, bem como ao poder pessoal. Saturno está associado a este chakra. Seu vórtice possui 4 pétalas ou raios em movimento. Sua cor é o vermelho intenso.

A falta de energia neste chakra provoca insegurança, uma personalidade frágil e, o excesso, sentimentos de materialismo, inveja, avareza.

Está relacionado com as **glândulas suprarrenais** e a produção de adrenalina.

Como se vê, o equilíbrio é sempre a melhor condição, daí a importância de buscarmos fazer regularmente o alinhamento dos chakras!

POTENCIALIZANDO A CURA COM OS CRISTAIS NOS CHAKRAS

Nossos chakras precisam estar desobstruídos para permitir que a energia suba do Básico ao Coronário e vice-versa. Esse movimento contínuo muitas vezes fica prejudicado por nossas emoções em desarmonia.

Se a pessoa for observadora e sensitiva, perceberá que, ao ficar com raiva de algo ou de alguém, seu chakra umbilical pulsa por vezes tão forte, que chega a provocar dor na região, sobretudo na parte posterior correspondente, nas costas. Uma concentração de energia ocorre neste local, formando uma saliência, mais ou menos do tamanho de uma bola de pingue-pongue, que pode ser sentida.

Esse estado de irritação é extremamente prejudicial à saúde emocional, bem como à física, em curto prazo de tempo.

Muitos estímulos externos podem levar de igual modo a um desequilíbrio nos chakras. Portanto, é altamente recomendável que procure harmonizá-los com certa regularidade.

Neste sentido, os cristais são de valor inestimável, auxiliando na cura do nosso organismo de forma holística, dos corpos sutis até o físico.

O quartzo cristal é, por excelência, uma pedra que desobstrui todos os chakras. Ainda assim, o emprego de pedras de cores e frequências diversas e específicas é muito recomendado, pois cada chakra trabalha em uma determinada frequência.

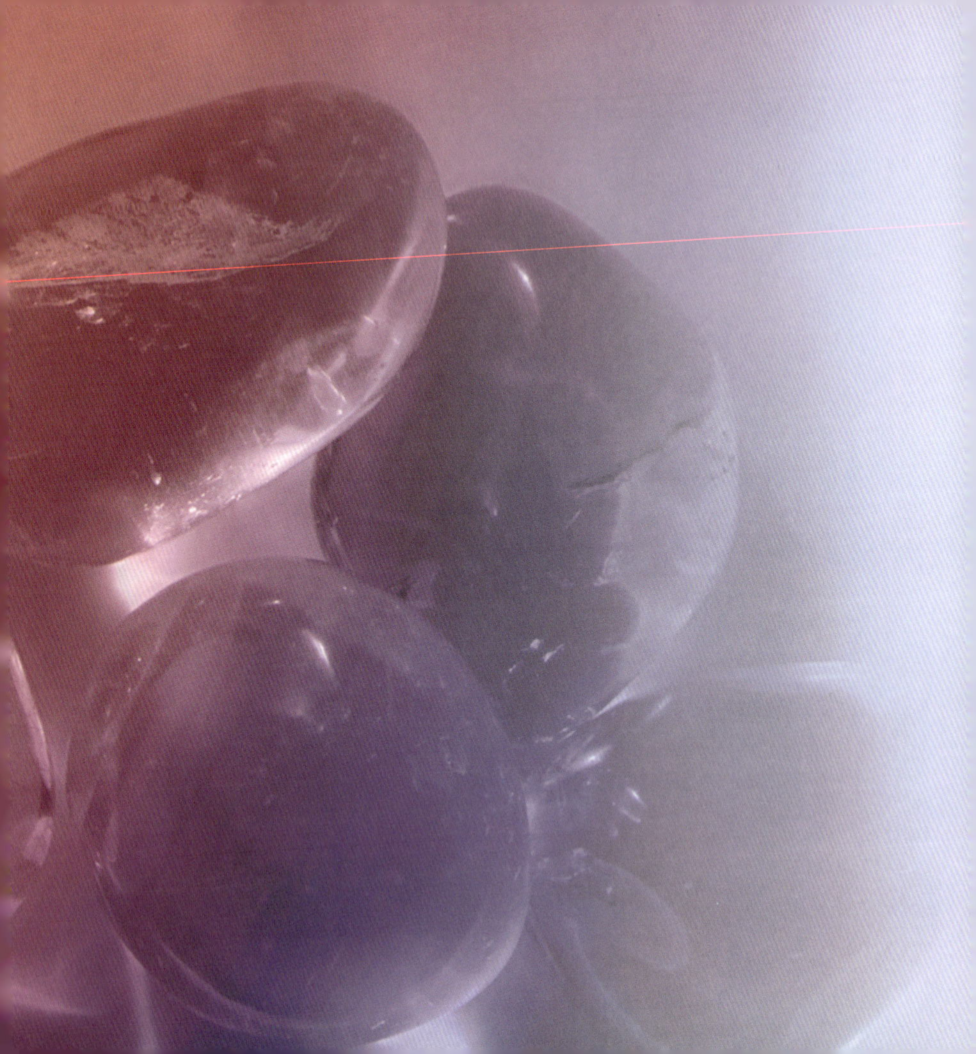

CRISTAIS – PODER E CURA

Na Antiguidade, os sacerdotes egípcios detinham conhecimentos sobre o poder de atuação dos cristais e os utilizavam em vestes rituais, aplicados no peitoral. Da mesma forma, os altos representantes da Igreja Católica têm como símbolo de seu poder as pedras incrustadas em ouro que ostentam em cerimônias – não apenas por seu valor de mercado, mas pela energia que estas emanam. A própria Bíblia contém inúmeras referências aos mais diversos cristais – jaspe, berilo, safira, topázio, jade, granada, esmeralda, diamante...

Os antigos povos indígenas norte-americanos utilizavam um pedaço de quartzo cristal na ponta de suas varinhas cerimoniais para fazer encantamentos. Mesmo hoje, entre as tribos dos pueblos e navajos, no estado do Arizona, Estados Unidos, a turquesa é considerada uma pedra dos xamãs, para a cura. Em antigos rituais xamânicos, era considerada essencial para proteger contra magias, energias negativas e dar poder pessoal ao xamã. Estes consideravam que a colocação de um pedaço de turquesa sobre um órgão "puxava" as energias desarmonizadoras para fora, proporcionando a cura.

Hoje em dia, temos bastões aos quais estão acoplados quartzo cristal em ponta; ligados à energia, vão mudando a emissão de cores, e podem ser usados na cromoterapia, com excelentes resultados.

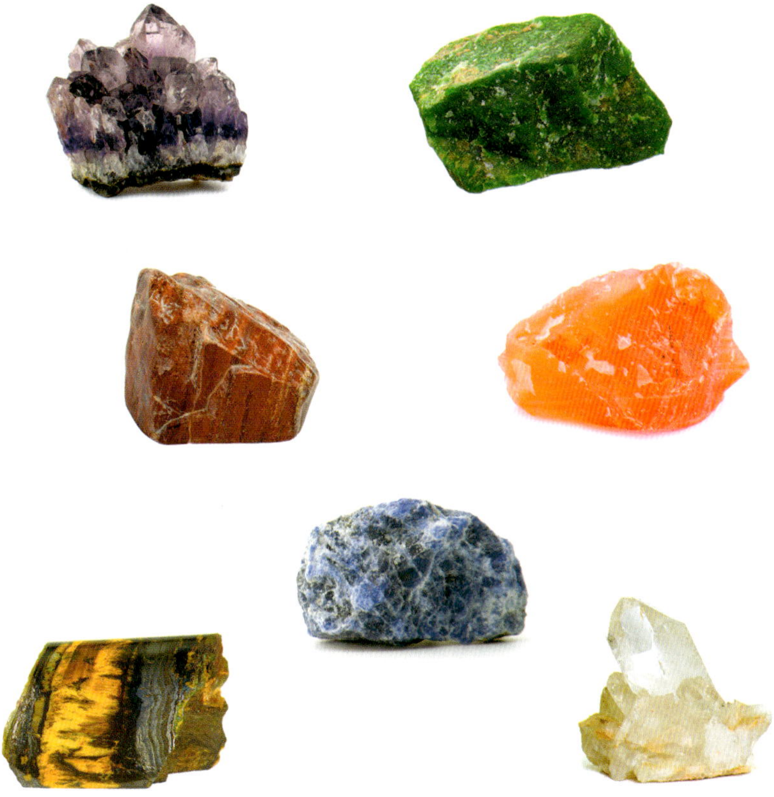

OS SETE CRISTAIS DE CURA

Ametista

A ametista é um dos cristais mais preferidos pela grande maioria das pessoas. É uma pedra que evoca poder temporal e espiritual, desde a Antiguidade. No nível emocional, ela atua no sentido de limpar as mágoas guardadas, a raiva, o ódio, enfim, essa gama de emoções que podem prejudicar a aura, desequilibrando os chakras.

No campo físico, ela atua estimulando a regeneração dos tecidos, nos processos de emagrecimento e é indicada nos casos de trombose, diabetes, problemas de visão, trazendo ainda alívio ao sistema nervoso e bom sono. Fortalece o sistema imunológico.

No nível espiritual, ajuda a fazer a conexão com os planos superiores, conscientizando para condutas mais corretas nas relações de modo geral. Devido à sua força, é muito empregada na limpeza dos karmas familiares.

Colocar um pedaço polido de ametista sob o colchão pode fixar um padrão de harmonia no local de repouso, tão importante para o bem-estar diário.

Aventurina

Pertencente à família dos quartzos, a aventurina é uma pedra que foi descoberta por volta de 1700, por acaso, *all'avventura*. O brilho metálico que ela apresenta se deve às inclusões de fuchsita, podendo ter ainda inclusões de mica com ferro, o que lhe dá tons avermelhados. Encontrada no Brasil, na Índia e nos Estados Unidos, é considerada uma pedra que traz boa sorte.

Quando a pessoa é muito rígida em sua forma de ver o mundo e tem medo de mudanças, porque toda mudança traz em si um risco, ainda que saudável esse quadro pode ser melhorado com a aventurina.

Quando colocada sobre o chakra cardíaco, ela alivia os medos antigos, a dificuldade em se abrir para o "dar e receber" amor, auxiliando a pessoa a ir além dos limites autoimpostos. Trabalha o estresse emocional e mental, devolvendo o equilíbrio. Além disso, ajuda na limpeza e superação de antigas mágoas amorosas.

Cornalina

A cornalina pertence à família das calcedônias, e é mais comumente encontrada no Brasil, na Índia, no Uruguai e em Madagascar. Conhecida desde a Antiguidade, era tida pelos ocultistas como portadora da boa sorte. Para os espiritualistas, seu uso é indicado para tratar problemas de pele, olhos, gengivas, assim como no combate à anorexia e à bulimia.

No aspecto emocional, sempre que a pessoa precisa ser mais seletiva na escolha de suas amizades ou parceiros afetivos, a cornalina é ótima para trazer ao plano da consciência as melhores atitudes a serem tomadas, ancorando melhor as energias. Desta forma, a pessoa consegue fazer escolhas mais acertadas em sua vida!

É muito importante na fase da adolescência, para que o jovem se sinta mais seguro e confiante em suas decisões e possa assumir gradualmente as rédeas da própria vida sem muitos conflitos. Traz autonomia e independência, ajudando a criar uma aura de poder pessoal positivo.

Jaspe Vermelho

Relacionado ao chakra básico, o jaspe vermelho é uma pedra poderosa para elevar o nível de energia física do corpo, melhorar a circulação e, ainda, recarregar a aura prejudicada por fatores ambientais.

Sua frequência atua no campo da consciência de quem o utiliza, fortalecendo o ancoramento de boas energias em projetos que estejam em desenvolvimento, ou transmitindo padrões energéticos elevados para o início de algo novo, de forma objetiva. Lembre-se de usá-lo sempre que desejar colocar uma ideia em prática, pois coloca os nossos pés no chão!

Ele tem a propriedade de estimular e fortalecer a função sexual tanto para homens quanto para mulheres, e é recomendado ainda para mulheres grávidas e bebês recém-nascidos, para aterrar melhor as energias no plano físico.

Sua energia é muito forte e protetora.

Olho de Tigre

Da família dos quartzos, o olho de tigre é um cristal encontrado principalmente na África do Sul, na Austrália, nos Estados Unidos e na Índia. Seu brilho marrom/dourado sedoso e o toque macio o tornam muito atraente para a confecção de joias.

Suas vibrações são excelentes para pessoas que se distanciaram da verdade de suas vidas, ou que por uma razão ou outra se esqueceram de seus sonhos e têm uma certa nostalgia constante, uma insatisfação não declarada.

Trabalha a disciplina interior e a autoconfiança para lutar por suas convicções. Aqueles que agem impulsivamente e tomam tudo como ofensa pessoal, encontram neste cristal um suporte para mudança de comportamento de maneira tranquila.

Personalidades reclusas, fechadas, cheias de superstição, terão maior equilíbrio usando o olho de tigre. Quando colocado sobre a região do chakra do umbigo, atua com muita força.

Quartzo Cristal

O quartzo cristal, ou cristal de rocha, é um dos mais importantes instrumentos de toda terapia com base nos minerais. Além disso, seu emprego nas tecnologias de ponta vem aumentando cada vez mais, seja em aparelhos eletrônicos, ou na área da medicina.

Seu uso é muito amplo, e no corpo físico, ele fortalece a saúde de um modo geral, atuando particularmente na glândula pituitária e no trato intestinal, e estimulando o sistema nervoso e imunológico.

Outro aspecto muito importante em que esse cristal atual é a orientação vocacional. A dúvida na escolha de um campo de estudo pode ser muito angustiante. Os jovens estão entrando cada vez mais cedo nas universidades, quando muitas vezes ainda não sabem com clareza em que profissão gostariam de investir sua energia, se não a vida toda, ao menos por um bom tempo. O quartzo cristal ilumina o caminho interior possibilitando uma escolha centrada no chamado da alma. Isso vale para outras escolhas também.

Sodalita

Sodalita é uma pedra azul, com inclusões brancas, com alto teor de sódio – de onde vem seu nome. Às vezes é confundida com o lápis-lazúli, por seu tom de azul intenso, mas neste, as inclusões são douradas, de pirita de ferro. É uma pedra que trabalha a liberação de medos conscientes e inconscientes, em todos os seus graus.

Pessoas muito desconfiadas podem se beneficiar do uso desta pedra, assim como aquelas que têm uma baixa autoestima. Ela ajuda a combater a culpa e estimula os sentimentos de coragem e harmonia em grupo. Pessoas que tem medo de dirigir devem usá-la, ao mesmo tempo que deveriam investigar a dificuldade que tem de tomar conta da própria vida. Ela cura a codependência afetiva e a criança interior ferida.

OUTROS CRISTAIS PARA O REEQUILÍBRIO DOS CHAKRAS

Além dos cristais já mencionados, que constam do kit de reequilíbrio dos chakras, há outros cristais que também podem ser utilizados para essa finalidade.

1) Chakra Básico ou da Raiz

Granada Vermelha: A sensualidade é um aspecto importante a ser equilibrado e este cristal favorece isto, pois coloca ao mesmo tempo nossos pés no chão. Ótimo no combate à apatia sexual, melhora a circulação ao mesmo tempo que aumenta a autoestima e o magnetismo pessoal.

Ônix Verde: Variedade que ajuda a centrar, dar base para a realização de projetos.

Rubi: Ativa a força vital e a sexualidade. O rubi trabalha ainda os aspectos do relacionamento com a figura do pai – e certamente o pai tem um papel fundamental em nossa conexão com as questões materiais e práticas da vida, relacionadas com o chakra básico. Movimenta a energia yang.

Turmalina Negra: Aterra, traz vitalidade e proteção, reconstituindo a aura danificada.

2) Chakra Sacral

Calcita Laranja: Combate o medo, a autossabotagem que dificulta que se realize o potencial que a pessoa traz para o sucesso.

Âmbar: Combate a ansiedade, desenvolve sentimentos positivos e libera os bloqueios energéticos registrados nos corpos sutis.

Serpentinita: Faz a limpeza da aura, eliminando medos registrados em nosso campo bioenergético. Promove a separação da energia de outros, que pesam no campo pessoal.

3) Chakra do Plexo Solar ou do Umbigo

Jaspe Leopardo: Libera sentimentos de culpa inadequados, bloqueadores de uma vida mais plena, mas também corrige o padrão de energia daqueles que, no polo oposto, não sentem remorso ou culpa. Traz autoconfiança, combate a timidez. Ajuda na memória.

Quartzo Citrino: Atrai a abundância de coisas boas na vida, em todos os sentidos, inclusive a prosperidade financeira. Combate estados depressivos.

Topázio do Rio Grande: Traz tranquilidade na relação com o dinheiro. Sair do sentimento de falta. Ideal para quem tem dificuldade em tomar decisões, por receio de se comprometer. Relaxa tensões, ajuda no rejuvenescimento.

4) Chakra do Coração

Quartzo Rosa: Traz acolhimento, uma sensação de pertencer ao grupo familiar ou social, bem-estar. Ondas de amor incondicional é um dos pontos fortes deste cristal tão querido por todos. Atrai amor.

Larimar: Promove uma frequência de boa sorte, principalmente na busca de um parceiro ideal. Acalma o coração e traz estabilidade emocional. Traz ao plano consciente novas perspectivas para solução de problemas afetivos.

Esmeralda: Fortalece os laços familiares, ajuda na eliminação de conflitos, proporciona união entre as pessoas. Indicada para quem se sente perseguido, vítima dos outros ou para pessoas muito desconfiadas – com ou sem razão.

5) Chakra da Garganta

Água-marinha: Combate a ansiedade. Ajuda a pôr ordem na casa interior. Traz centramento no meio de muitas responsabilidades que a pessoa possa ter. Combate pensamentos repetitivos que geram estresse sem solução.

Safira: Dá força para cumprir a tarefa que cada um de nós veio realizar nesta existência. Alinha com a fonte espiritual, a estrela-guia interior, proporcionando sentimento de proteção e de pertencimento no mundo.

Turquesa: Pedra dos xamãs, dos curadores, protege contra magias e afasta energias negativas. Melhora a circulação e libera tensões oculares. Usada em rituais antigos para atrair amor, riqueza e beleza para a vida.

6) Chakra do Terceiro Olho

Auralite 23: Importante cristal para este momento de evolução do planeta, amplia a consciência para uma atuação mais ética e harmoniosa com os outros. Favorece a meditação. Ativa todos os chakras.

Lápis-Lazúli: Indicada para combater a timidez, o retraimento social. É também uma pedra de proteção. Melhora a expressão pessoal e a comunicação com o plano superior. Usada desde o Antigo Egito em rituais com essa finalidade.

Sodalita: Liberta de medos conscientes ou inconscientes. Melhora a autoestima e autoconfiança. Acalma. Estimula a força mental, a coragem de espírito. Trabalha a cura da criança interior.

7) Chakra da Coroa

Damburita: Ajuda na conexão com o reino angélico, atingindo um nível de consciência mais elevado. Nos trabalhos de liberação de karmas familiares, é uma pedra que harmoniza a pessoa consigo mesma e com os outros. Promove a criatividade, sendo ótima para escritores, estudantes e artistas em geral. Ajuda a receber orientação espiritual durante o sono.

Melody Super 7: Traz paz, serenidade, estabilidade nos relacionamentos e equilíbrio emocional e mental. Transmuta a energia negativa em positiva. Trabalha concentração e foco no aqui e agora.

Selenita: Pedra que trabalha a conexão com o Eu Superior, o autoperdão, a liberação dos karmas familiares. Atua corrigindo as consequências das posturas de desamparo aprendido ao longo da vida. No nível físico, promove um rejuvenescimento celular.

Vale lembrar que o tratamento com os cristais não substituem eventuais tratamentos médicos necessários.

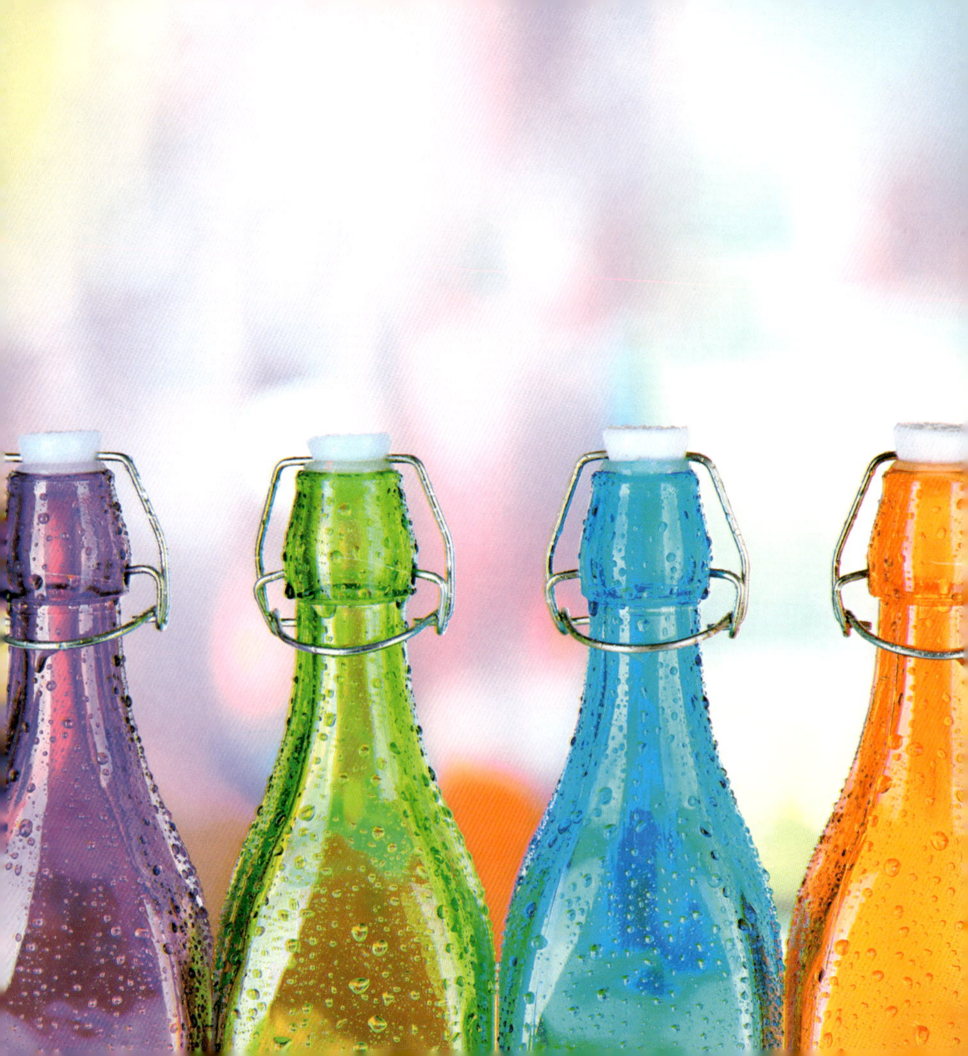

ÁGUAS DE CRISTAIS

O PADRÃO ENERGÉTICO DE UM CRISTAL

Além do trabalho de alinhamento dos chakras com os cristais, você pode querer preparar uma água solarizada com uma pedra em particular.

Cada cristal possui sua assinatura no reino mineral de acordo com sua formação, mas você não precisa ser um perito nessa identificação para se beneficiar de suas energias.

O método é bastante simples e você pode servir essa água energizada nas refeições, por exemplo.

Pegue uma jarra de vidro transparente e encha-a com água mineral sem gás. Coloque dentro dela um ou dois dos cristais do kit – limpos – e deixe-a no sol por um período de aproximadamente três horas, de preferência entre às nove horas e o meio-dia.

Retire-a do sol e acrescente raminhos de hortelã fresco, levando-a à geladeira. Filtre antes de servir, pois algum resíduo pode ter caído na água durante o período em que ela ficou exposta ao sol.

Além do sabor suave da hortelã, a energia solar terá incorporado à água as energias dos cristais imersos. A matriz de seu padrão energético consciencial. Esta água deve ser tomada no mesmo dia em que foi preparada.

As pedras deste kit são seguras para este procedimento, porém lembre-se de que há outros cristais não adequados para o preparo de água solarizada, devido à sua composição, por ter elementos tóxicos. Nem sempre a identificação de um tipo de pedra é fácil para o leigo, sendo muito importante tomar esse cuidado.

Este não é um método de preparação de essências de cristais, que envolve diversos outros cuidados e etapas.

A IMPORTÂNCIA DE UM ESPAÇO SAGRADO

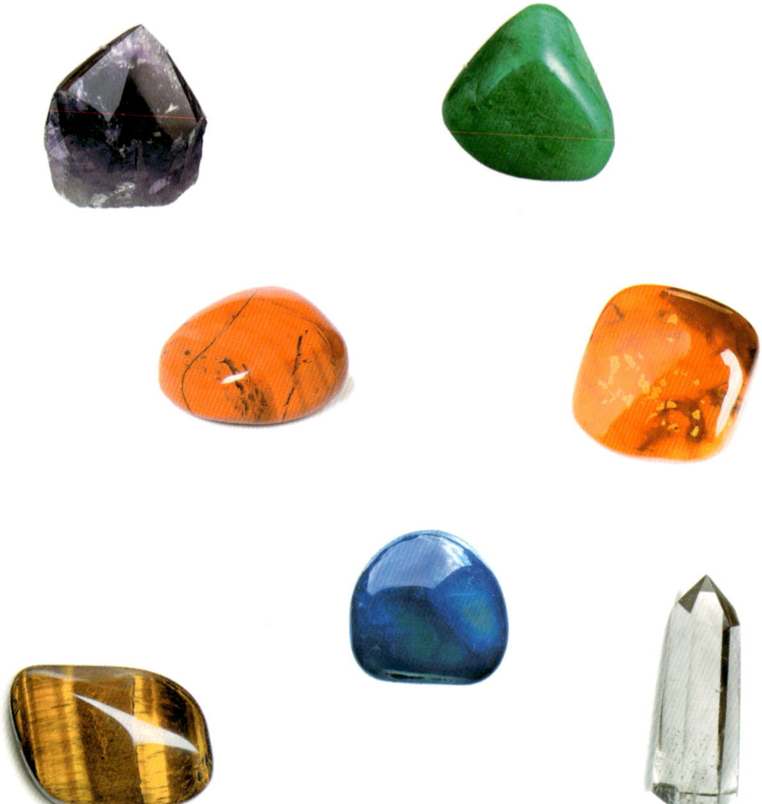

Ter um local especial para seus rituais, de toda ordem, é algo que fortalece suas intenções.

Nossa casa deveria ser um santuário, onde nos recolhemos após um dia de trabalho e contato com as muitas energias do mundo, nem sempre harmonizadoras.

Ao entrar em casa, antes de colocar o pé na soleira, pense todas as vezes: "Estou deixando do lado de fora todas as energias do mundo que não servem à harmonia do meu lar e da minha família". Essa postura já cria um campo favorável para maior tranquilidade entre os membros da família e você mesmo.

No entanto, além disso, você pode organizar um cantinho especial, com aqueles objetos que você considera sagrados, de acordo com suas crenças íntimas. Esse local pode ter a energia dos cristais ancorando suas melhores intenções, suas preces, se tornando um foco de luz em sua casa.

Você pode escolher os cristais que mais lhe agradem, mas particularmente um arranjo simples, mas poderoso, é mais indicado. Coloque três cristais juntos: um **quartzo rosa,** para o acolhimento e amor universal, um **quartzo cristal** para iluminar os caminhos e escolhas na vida, com sabedoria e um pedaço de **turmalina negra**, para proteção e limpeza energética.

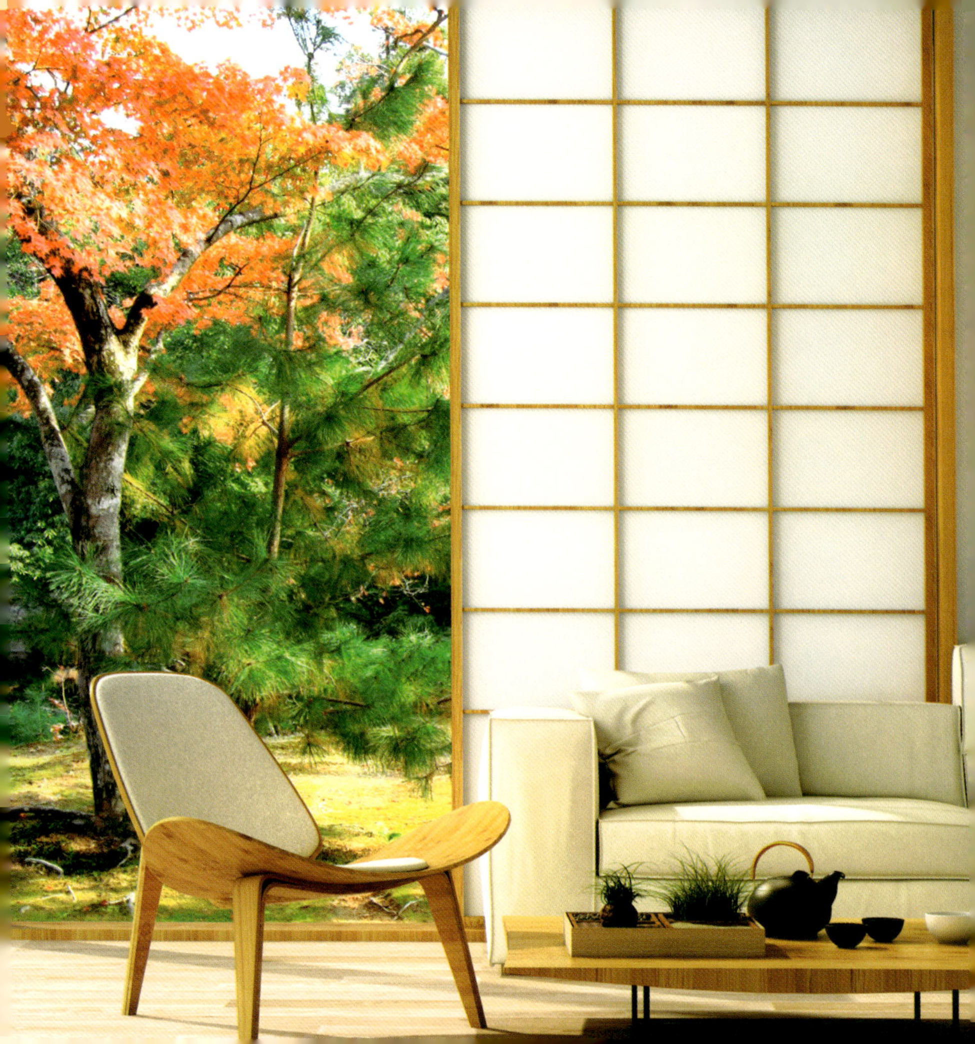

DISPONDO CRISTAIS EM AMBIENTES DA SUA RESIDÊNCIA

Você pode dispor cristais em cantos de sua residência, tendo imantado cada um deles com um propósito, separadamente, para que haja sempre um ambiente harmonizador ao seu redor.

Coloque nos cantos dos quartos, pequenos pedaços de ametista e quartzo rosa.

Na sala, coloque em local visível, um arranjo de pedras – pode ser uma mesinha, onde você tenha um vaso de flores – que tenha turmalina negra e quartzo cristal.

No jardim, você pode escolher um cantinho onde deixe junto da terra ou grama alguns pedaços maiores de pedras de sua escolha – calcita laranja, ágatas brutas, drusas de ametista. Ou coloque em um pratinho simpático um punhado de pequenos cristais rolados, de cores variadas, junto de uma mesinha ou banco ao ar livre.

De qualquer modo, faça o ritual de limpeza sempre que ganhar ou comprar um pedaço de cristal, antes de usá-lo ou colocá-lo em sua casa, para sentir ainda mais seus benefícios.

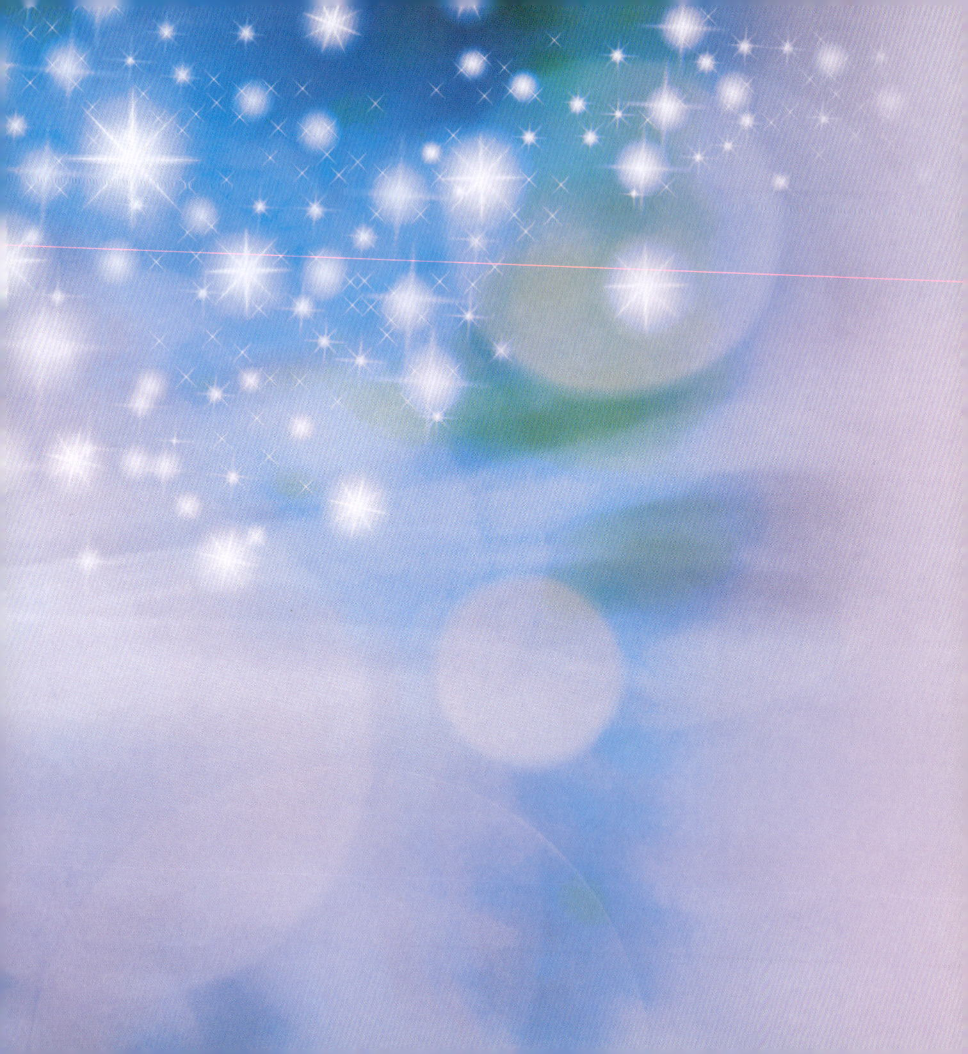

DINÂMICA DE CURA COM CRISTAIS

1 – FAZENDO O ALINHAMENTO DOS CHAKRAS COM OS CRISTAIS

Este exercício serve para reequilibrar todas as suas energias, através do alinhamento dos chakras, e inclui os sete Cristais Mestres de Cura. O ideal é que você o faça semanalmente para limpar seu campo energético, aliviando o estresse, melhorando dessa forma sua saúde mental, emocional e física.

Faça você mesmo este exercício ou aplique-o a outra pessoa. Além dos cristais do seu kit, você encontrará outras pedras relacionadas que eventualmente poderá usar, se desejar.

Certifique-se de que os cristais estejam energeticamente limpos, como orientado.

Em um ambiente tranquilo e harmonioso, posicione a pessoa que vai fazer o alinhamento dos chakras deitada de costas. Você pode usar um incenso leve, um aromatizador suave ou luz indireta, para criar uma atmosfera acolhedora.

1. Posicione primeiramente todos os cristais conforme descrito na página 64, sobre cada um dos chakras.

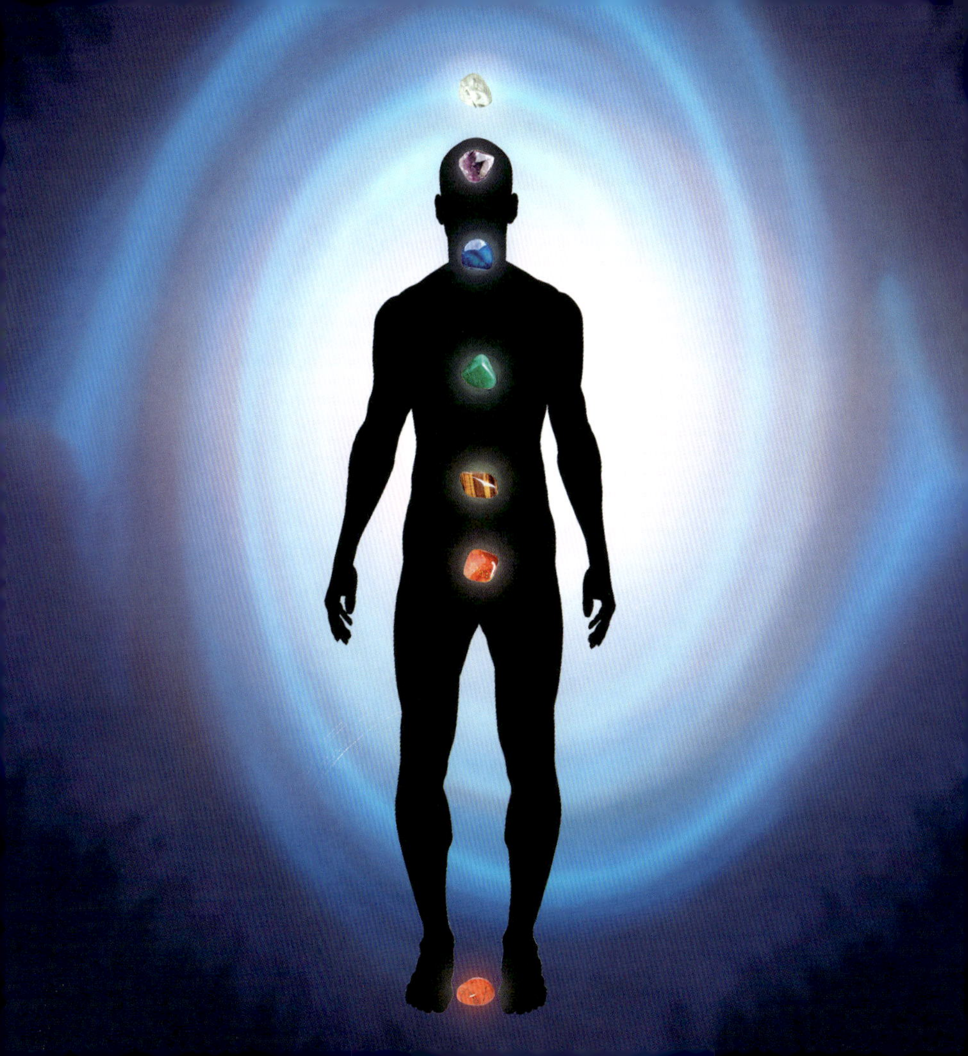

2. Oriente para que a pessoa respire tranquilamente e de forma consciente.

3. Visualize você a cor referente ao chakra, conforme indicado na página seguinte e diga à pessoa qual cor ela deve visualizar ao mesmo tempo, circulando sobre o chakra.

4. Depois, iniciando pelo chakra básico, estale três vezes os dedos sobre o chakra, repetindo o comando conforme escrito na página 65, em voz firme. Peça à pessoa que repita esse comando três vezes, a cada vez que você estalar os dedos.

5. Siga na sequência, até o chakra coronário.

Inicie o exercício dispondo o jaspe vermelho entre os pés, no meio. Você pode colocar ainda uma turmalina negra no tornozelo esquerdo e um ônix negro no tornozelo direito.

1. **Básico** – no cóccix – no caso, entre os pés
   Jaspe vermelho.
   Outras pedras indicadas: rubi, granada, quartzo fumê, turmalina negra
   Visualizar a cor vermelho escuro
   "Eu realizo meus desejos de forma segura!"

2. **Esplênico, sacral, baço** – 3 centímetros abaixo do umbigo
   Cornalina
   Outras pedras indicadas: calcita laranja, jaspe verde, serpentinita
   Visualizar a cor verde-amarelado
   "Eu lido bem com questões do meu trabalho e relações afetivas no dia a dia!"

3. **Plexo solar, umbilical** – no umbigo
   Olho de Tigre
   Visualizar a cor laranja.
   "Eu sei quem eu sou. Eu faço o que eu gosto. Sou bem-sucedido e feliz comigo mesmo. O dinheiro circula em minha vida e sempre sobra!"

4. **Cardíaco** – na altura do coração, entre os seios
   Aventurina
   Visualizar a cor rosa com reflexos dourados
   "Eu me amo e sou amado! Eu amo os demais e sou fortalecido pelo amor deles!"

5. **Laríngeo** – na altura da garganta
   Sodalita
   Visualizar a cor azul
   "Eu sou claro e objetivo em minha comunicação – com os outros e comigo mesmo!"

6. **Frontal** – entre as sobrancelhas
   Ametista
   Visualizar a cor azul índigo
   "Eu vejo além do que meus olhos podem ver! Minha visão é perfeita!"

7. **Coronário** – no alto da cabeça
   Quartzo Cristal em ponta
   Visualizar a cor violeta
   "Eu estou adaptado a este plano neste momento e me sinto conectado com o universo!"

2 – LIBERTANDO-SE DA FERIDA EMOCIONAL

1. Pegue sua pedra de ametista. Vá para um local ao ar livre, onde possa ficar tranquilo e a sós. Segure a pedra na mão direita, se for destro, ou na esquerda, se for canhoto.

2. Despeje pelo braço todos os sentimentos, emoções difíceis de lidar, para fora da mão e para dentro da pedra. Sinta intensamente a emoção do problema e envie tudo com força para a pedra.

3. Quando sentir que impregnou totalmente a pedra de negatividade, lance um grito e solte-a com toda força na terra. Ao fazer isto, veja sua dor indo embora junto com a pedra.

4. Abaixe-se, coloque as mãos no chão e sinta a terra absorvendo todo o resto daquela energia que lhe fazia mal. Agradeça ao cristal pelo trabalho feito. Lave e energize seu pedaço de ametista antes de usá-lo novamente.

3 – PROGRAMANDO OS CRISTAIS PARA A CURA

O preparo de um talismã não é algo banal, nem ligado a superstições medievais. Os cristais têm o poder de reter e ampliar as energias de uma forma impressionante, que as pessoas de um modo geral desconhecem. Assim, devemos ser sempre respeitosos e nos concentrarmos, quando temos a intenção de preparar um cristal como um talismã – seja ele uma joia ou um pedaço bruto.

Um talismã possui dupla finalidade: ele emite ondas na frequência para a qual foi programado e, ao mesmo tempo, sempre que seu portador entra em contato com ele, de forma consciente, renova a fé e a coragem. No caso a seguir, estamos falando de programar um cristal ou uma joia simples, que possa ser usada regularmente, com a energia da cura.

1. Para este propósito, escolha um cristal, ou um adereço de cristal simples, como dito na página anterior, que você possa usar normalmente. Limpe-o energeticamente, como ensinado na página 13). De preferência, use um objeto que sempre foi seu, ou foi adquirido para esse propósito, para que não seja necessário desmagnetizá-lo das vibrações do dono anterior.

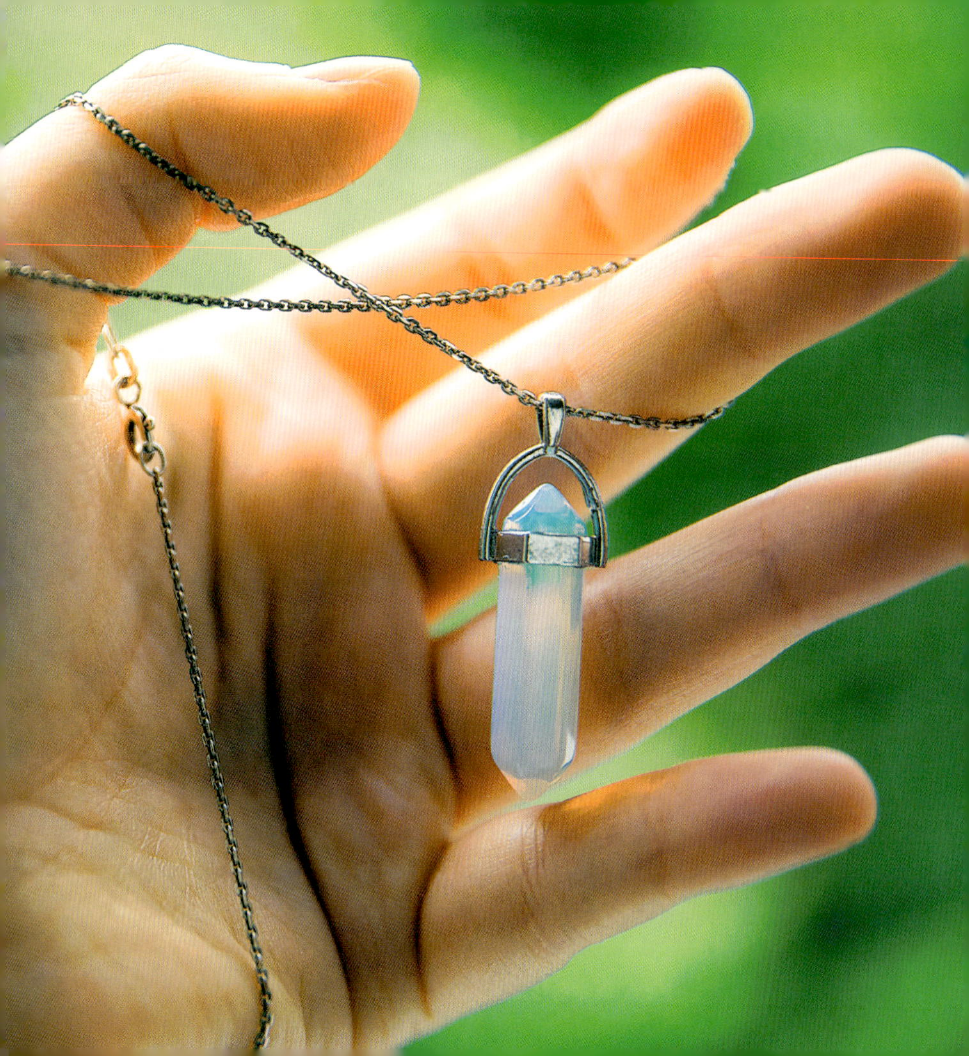

2. Feito isto, recolha-se em um local tranquilo. Faça uma oração de sua crença, **para concentrar suas energias.** Se você não é um estudante de metafísica, precisará intensificar suas intenções. Mas conseguirá fazer seu próprio talismã.

3. Primeiro forme um círculo como um anel, com os dedos polegar e indicador da mão direita, se for destro, ou esquerda, se for canhoto. Em seguida, concentre sua energia em imaginar uma película de cor azul translúcido se formando nesse anel formado por seus dedos, como se houvesse se transformado em um pequeno tambor. Faça isso com foco, tranquilamente. Lembre-se: você está transmutando energias e criando um foco de cura. É um trabalho e tanto, mas vale a pena.

4. Quando sentir que essa película formada por sua intenção está forte o bastante, pegue a pedra ou joia que deseja transformar em talismã com a outra mão e passe-a através desse círculo.

5. Agora, imagine essa película se dissolvendo. Sempre mantendo os dedos em círculo, imagine que uma nova película, de tom

róseo, se formou. Imagine-a bem esticada nesse círculo e passe seu talismã por entre esse círculo.

6. Veja essa película se dissolvendo e imagine uma película amarelo-dourada, firme. Passe seu talismã por ela. Imagine a película se dissolvendo e abra os dedos.

7. Agora que o talismã está pronto para ser imantado da intenção de cura. Segure-o na mão esquerda e, com os dedos da mão direita, sinta que está enviando para ele o poder da cura. Que seu pensamento seja firme apenas nessa direção – a cura. Enquanto faz isto, repita com firmeza, focando o pensamento: "Saúde, cura, em nome do Mestre" – ou outra frase de sua escolha. Quando sentir que essa energia já impregnou seu talismã – o que poderá levar alguns minutos de concentração – seu talismã estará pronto para o uso com a finalidade para o qual foi criado.

8. Naturalmente você pode imantar seu talismã para outro propósito diferente, em vez da cura. Aja da mesma maneira, apenas mudando o comando, para o foco que deseje: prosperidade, amor, paz...

4 – AFIRMAÇÕES COMO SUPORTE PARA A CURA

A força da palavra que vem carregada de uma determinada intenção pode ser o impulso para a benção (a cura) ou a maldição (um desejo destrutivo enviado para outra pessoa).

Que suas palavras sejam sempre bênçãos lançadas ao vento e que retornem a você em dobro.

Lembre-se disto, quando estiver carregando um pedaço de cristal, trabalhando com ele, ou em um ambiente decorado com cristais. As pedras potencializam o poder da palavra emanada.

Os comandos dados no Exercício 1 são bênçãos dirigidas a quem está tendo seus chakras alinhados e para quem serve de instrumento nesse processo – seu terapeuta, um amigo ou parente.

Você pode também, em seu cantinho sagrado, segurar uma pedra que atue na linha daquilo que você quer resolver (por exemplo, se seu problema é o medo, segure um pedaço de aventurina na mão; se estiver magoada, uma ametista; se estiver se sentindo desorientada na vida, um quartzo cristal, etc.).

Use uma frase afirmativa para imantar a pedra da intenção que você tem e diga-a com firmeza, sentindo a emoção passar por todo o seu corpo e, por fim, para a pedra. Escolha de preferência uma frase curta, fácil de memorizar. Você pode carregar esse cristal consigo e sempre que o tocar, repita mentalmente a frase-intenção com a qual ele foi imantado. É muito eficaz, mesmo não tendo feito o ritual de criar um talismã.

5 – FORMAS DE DISPOR SEUS CRISTAIS PARA ATRAIR BEM-ESTAR, AUTOESTIMA E PODER PESSOAL

Separe três pedaços de cristais, para usar neste ritual diário, para maior empoderamento. Eles podem ser o quartzo cristal, o olho de tigre e o jaspe vermelho.

Coloque-os no chão, em forma de triângulo, a uma distância que dê para você ficar no centro.

Coloque-se no centro, descalço, com as pernas ligeiramente afastadas, com uma postura ereta, mas sem tensão. Coloque as mãos na cintura e mantenha os ombros retos. **Para o êxito deste exercício, é fundamental que você observe a postura corporal.** Erga ligeiramente o queixo, mas sem forçar.

Sinta que você é uma pessoa poderosa, bem-sucedida, que gosta muito de você mesma e tem excelentes relacionamentos. Respire tranquilamente.

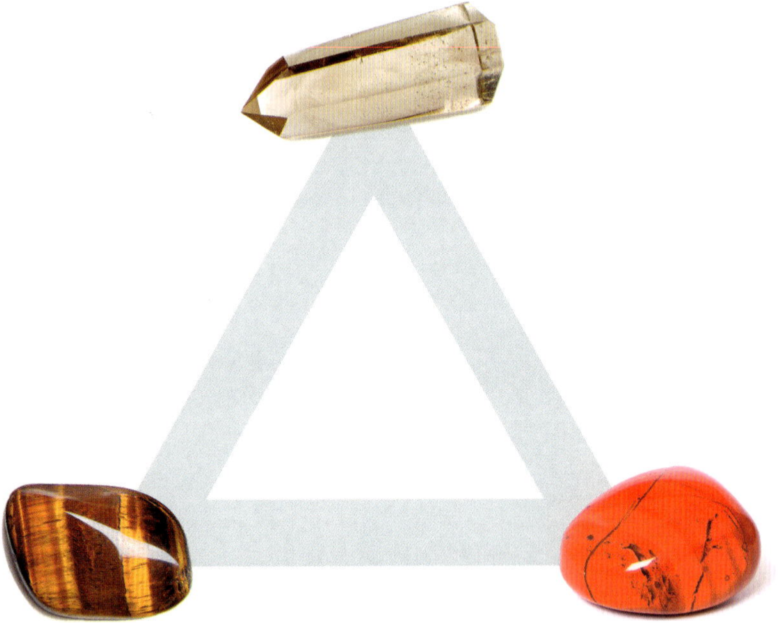

Mantenha esta postura por 3 minutos, mentalizando que o poder vem até você naturalmente, como algo com que o universo lhe agraciou.

Este não é apenas um exercício alternativo com os cristais. Ele tem fundamentos científicos, e a postura foi testada pela psicóloga social Amy Cuddy, professora titular da Harvard Business School. A mudança na postura aumenta os níveis de testosterona e diminui o cortisol em seu corpo. Com o auxílio do triângulo dos cristais, estimulamos uma conexão em outro plano, ampliando seus efeitos!

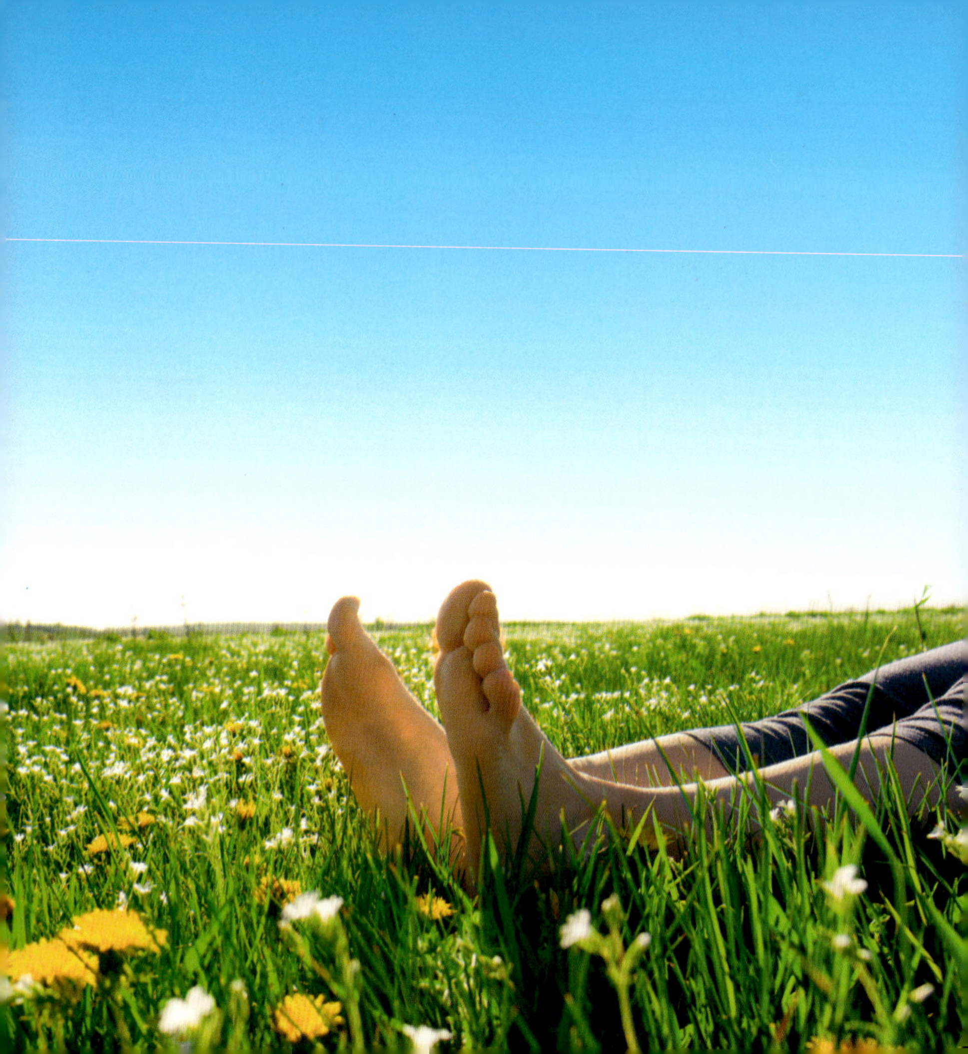

A CORRELAÇÃO ENTRE OS SIGNOS E OS CRISTAIS

Aquário – 21/1 a 19/2 – Água-marinha, crisoprásio, granada, lápis-lazúli.

Peixes – 20/2 a 20/3 – Ametista, opala, pedra da lua, turmalina verde.

Áries – 21/3 a 20/4 – Ágata de fogo, cornalina, topázio, turmalina rosa.

Touro – 21/4 a 20/5 – Esmeralda, kunzita, quartzo rosa, safira.

Gêmeos – 21/5 a 20/6 – Ágata Botswana, ágata de fogo, crisocola, topázio.

Câncer – 21/6 a 21/7 – Esmeralda, opala, pedra da lua, rodocrosita.

Leão – 22/7 a 22/8 – Âmbar, crisocola, quartzo citrino, rubi.

Virgem – 23/8 a 22/9 – Ágata de fogo, amazonita, âmbar, safira.

Libra – 23/9 a 22/10 – Água-marinha, esmeralda, opala, peridoto, safira.

Escorpião – 23/10 a 21/11 – Granada, malaquita, obsidiana, pedra da lua, rubi.

Sagitário 22/11 a 21/12 – Ametista, azurita, lápis-lazúli, topázio, turmalina rosa.

Capricórnio – 22/12 a 20/1 – Ágata de fogo, âmbar, cornalina, turmalina verde.

Pedras interessantes de serem usadas por qualquer signo, por suas vibrações – Azurita/malaquita, coral, diamante, jade, jaspe sangue, pérola.

GUIA EM ORDEM ALFABÉTICA PARA O USO DOS CRISTAIS

Ação *(sair do plano mental para a realização)* – Calcita, coral, fluorita.

Alegria *(estar mais feliz)* – Ágata Botswana, alexandrita, cornalina, olho de tigre, opala, quartzo citrino.

Amor *(atrair)* – Crisoprásio, esmeralda, quartzo rosa, rubi, turquesa.

Ansiedade *(combater)* – Água-marinha, âmbar, ametista, aventurina, ônix, quartzo rosa, sodalita.

Atração *(aumentar o poder de)* – Granada, turquesa.

Circulação sanguínea *(melhorar)* – Coral, jaspe vermelho, hematita, rubi, topázio.

Confiança *(aumentar)* – Âmbar, calcita laranja, cornalina, quartzo citrino, quartzo rosa.

Criatividade *(estimular, aumentar)* – Amazonita, damburita, granada vermelha, quartzo cristal, quartzo fumê.

Culpa *(aliviar)* – Crisocola, sodalita.

Depressão *(combater)* – Ágata azul rendada, ágata musgo, azurita/malaquita, berilo, peridoto, quartzo rosa, safira, topázio.

Desconfiança – Esmeralda, sodalita.

Digestão *(melhorar)* – Abalone, jaspe verde, mica, pedra da lua, quartzo citrino, quartzo cristal.

Esgotamento físico – Apatita, berilo, cornalina, quartzo verde.

Esgotamento mental – Ágatas, água-marinha, âmbar, apatita, aventurina, azurita/malaquita.

Estresse – Água-marinha, âmbar, ametista, sodalita, turquesa.

Família *(maior harmonia)* – Esmeralda, quartzo rosa, turmalina castanha.

Frustração *(aliviar)* – Azurita/malaquita, cornalina, marfim, pirita.

Insônia *(por estresse)* – Aventurina, amazonita, peridoto.

Inveja *(combate, protege de)* – Crisoprásio, topázio, turmalina negra.

Irritabilidade *(combate)* – Apatita, calcedônia, damburita, enxofre, fluorita, jaspe verde.

Limitações autoimpostas *(superar)* – Jade, fluorita, pedra da lua.

Pressão alta *(baixar)* – Ametista, apatita, crisocola, quartzo rosa, sodalita.

Raiva *(acalmar)* – Cornalina, celestita, jaspe verde, marfim, quartzo rosa, sodalita.

Timidez *(combater)* – Âmbar, cornalina, quartzo citrino, lápis-lazúli, sodalita.

Vícios *(combater)* – Ágata Botswana, pedra da lua.

Viroses – Âmbar, fluorita

Vontade própria *(fortalece)* – Berilo, calcita, granada vermelha, jaspe marrom, quartzo citrino, quartzo cristal, quartzo fumê.

BIBLIOGRAFIA

LARA, B. *Elixires de Cristais – Novo Horizonte da Cura Interior*. São Paulo: Ed. Biblioteca24horas, 2016.

_____. *A Essência dos Cristais e Metais – Seu Uso Nas Terapias Naturais*. Rio de Janeiro: Travassos Editora, 2017.

LEADBEATTER, C. W. *O Lado Oculto das Coisas*. São Paulo: Ed. Pensamento, 1977. (fora de catálogo)

_____. *Os Chakras – Os Centros Magnéticos Vitais do Ser Humano*. São Paulo: Pensamento, 1960.

CUDDY, A. *O Poder da Presença*. São Paulo: Sextante, 2016.

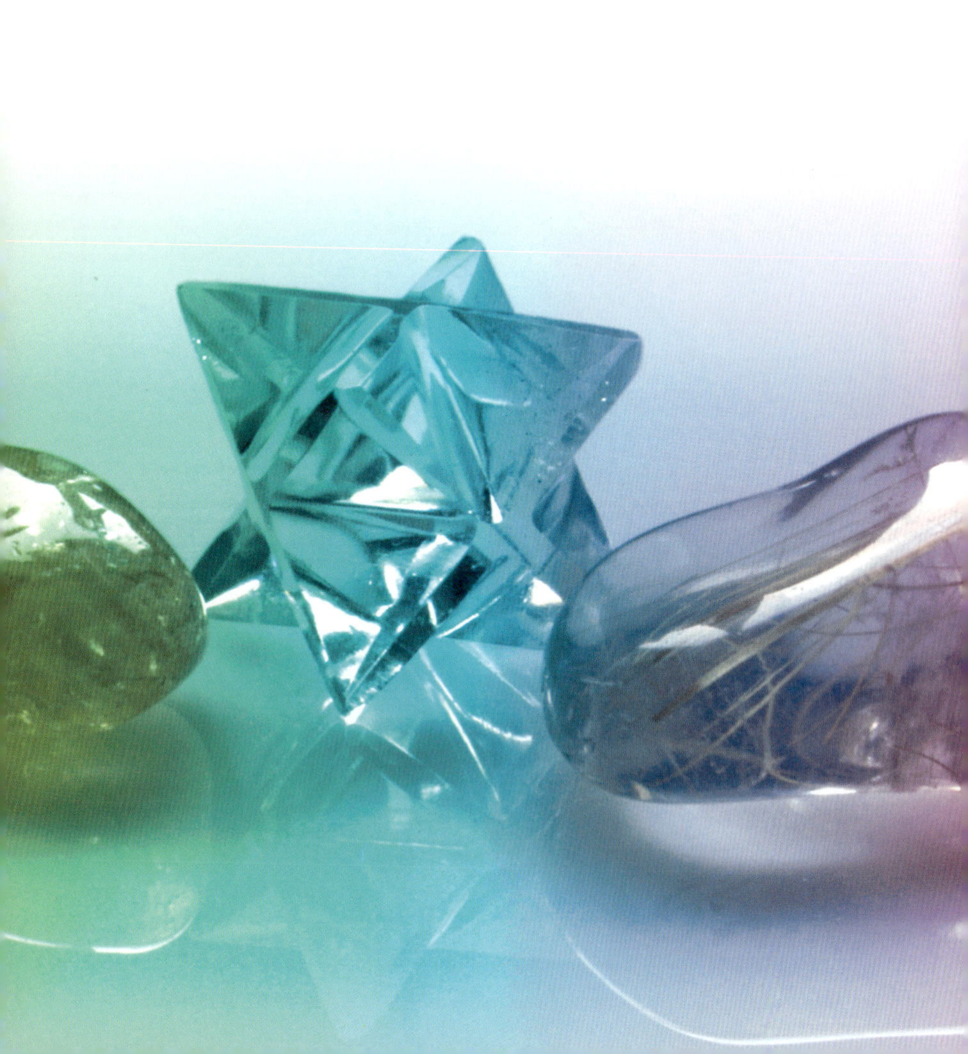

ÍNDICE REMISSIVO

Adolescência 39
Afirmações 73
Agressividade 28
Água Marinha 49
Águas de cristais 53
Alinhamento dos chakras 23, 53
Âmbar 20, 44
Ambientes da residência 59
Ametista 10, 25, 36, 67
Ansiedade 44
Auralite 23, 50
Autoestima 50, 42, 75

Autoconfiança 40
Autonomia 39
Aventurina 11, 27, 39, 66
Azurita/Malaquita 82

Berilo 34

Calcedônia 38
Calcita laranja 44
Chakra básico ou raiz 39, 43, 44, 64
Chakra cardíaco 27-8, 38, 67
Chakra da coroa 25, 49, 67

Chakra esplênico ou sacral 29, 48, 69
Chakra frontal 26, 48, 66
Chakra laríngeo 26, 47, 69
Chakra plexo solar ou do umbigo
    28, 45, 65
Chakras 23, 25, 41, 43, 62
Comunicação 26
Coral 82
Cornalina 11, 29, 40, 65
Criança interior 43
Culpa 42
Cura potencializar 30, 70, 73

Damburita 49
Devas 14
Diamante 35, 82
Disciplina 40

Egoísmo 28
Escolhas 39
Esmeralda 34, 46
Espaço sagrado 53-7

Formação dos cristais 12

Glândula pituitária 26, 41
Glândula tireoide 27
Glândulas sexuais 29
Glândulas suprarrenais 30
Granada 34, 45

Harmonia em grupos 42

Insatisfação 40

Jade 34, 82
Jaspe 34
Jaspe Leopardo 45
Jaspe Sangue 82
Jaspe Vermelho 11, 29, 39, 64
Jardim 59

Karmas familiares 37

Lápis-Lazúli 42, 48
Larimar 46

Limitações autoimpostas 38, 85
Limpeza das pedras 13-4, 59

Marfim 20
Medo 29, 38, 42, 45
Melody Super 7, 49
Minerais e nosso corpo 22
Mineraloides 20

Olho de Tigre 11, 28, 40, 65
Ônix Verde 44,
Orientação vocacional 41

Pâncreas 29
Pedras do mês 79
Pérola 20, 82
Programar um cristal 69

Quartzo Citrino 45
Quartzo Cristal 12, 26, 31, 41
Quartzo Rosa 46

Raiva 29
Rigidez 38
Rubi 44

Safira 34, 47
Selenita 49
Serpentinita 45
Signos 79-82
Sintonizar com um cristal 14-6
Sodalita 12, 26, 42, 48, 69

Talismã 69
Topázio 34, 45
Turmalina Negra 44
Turquesa 34, 47

Berenice de Lara é formada em psicanálise freudiana com especialização em Terapia Familiar Sistêmica. Também é pós-graduada em Terapia Floral pela UERJ-IBEHE e pesquisadora, há mais de 25 anos, das propriedades dos cristais para a cura. É autora de *A Cozinha dos Alquimistas* e de *Elixires de Cristais*, publicados pela Editora Pensamento.

Créditos das imagens:

Ametista – Roy Palmer/Shutterstock.com

Ametista Polida – Roy Palmer/Shutterstock.com

Cornalina – Coldmoon Photoproject/Shutterstock.com

Cornalina Polida – Reload Design/Shutterstock.com

Quartzo Cristal – MarcelClemens/Shutterstock.com

Quartzo Cristal Polido – Roy Palmer/Shutterstock.com

Olho de Tigre – olpo/Shutterstock.com

Olho de Tigre Polido – Reload Design/Shutterstock.com

Aventurina – J. Palys/Shutterstock.com

Aventurina Polida – vvoe/Shutterstock.com

Jaspe Vermelho – aregfly/Shutterstock.com

Jaspe Vermelho Polido – Martin Novak/Shutterstock.com

Sodalita – optimarc/Shutterstock.com

Sodalita Polida – Mali lucky/Shutterstock.com

Quartzo Cristal Ponta – fotoecho_com/Shutterstock.com

Quartzo Cristal Bastão – Roy Palmer/Shutterstock.com

Quartzo Cristal Polido 2 – Nadezda Boltaca/Shutterstock.com

Quartzo Cristal Pontas – Brum/Shutterstock.com

Outras imagens – Shutterstock.com

PRÓXIMOS LANÇAMENTOS

Editora
Pensamento
SÃO PAULO

Para receber informações sobre os lançamentos da
Editora Pensamento, basta cadastrar-se no site:
www.editorapensamento.com.br

Para enviar seus comentários sobre este livro,
visite o site
www.editorapensamento.com.br
ou mande um e-mail para
atendimento@editorapensamento.com.br